Table des matières

I0504133

Construire et développer son propre patrimoine financier

- Introduction -

Tout est une question de perception

Dans la vie, tout est une question de perception…

Chaque situation peut être vue sous un angle différent en fonction de notre état d'esprit, des informations et des connaissances dont nous disposons.

Si vous souhaitez nourrir de manière durable une personne qui se trouve dans le besoin, est-il plus judicieux de lui procurer de la nourriture chaque jour ou de lui apprendre à pêcher ou chasser ?

La première solution lui permettrait sans doute de subvenir à ses besoins alimentaires mais que se passerait-il si vous arrêtiez soudainement de nourrir cette personne ? La deuxième solution quant à elle permettrait à cette personne de non seulement manger à sa faim peu importe son appétit mais aussi de nourrir sa famille, en lui offrant une autonomie grâce à une méthodologie transmise.

L'argent est souvent un sujet tabou dont on parle peu en société ou en famille. Pourtant, tôt ou tard, chaque individu sera amené à prendre des décisions financières clés dans la gestion de ses propres revenus et dépenses.

L'argent circule, il va et il vient. Si vous parvenez à acquérir une connaissance des mécanismes de base de la création d'un patrimoine, vous aurez du pouvoir sur l'argent et vous pourrez commencer à créer de la richesse qui permettra à votre patrimoine de croitre.

Le mot patrimoine évoque souvent, pour un certain nombre de personnes, une notion d'inaccessibilité. Or il existe deux moyens principaux de constituer un patrimoine financier. Le premier est au travers de l'héritage. Le deuxième est au travers du travail et de l'investissement du fruit de ce travail, deux facteurs qui ont l'avantage d'être largement plus accessibles.

Dans un cas comme dans l'autre, une bonne méthodologie est nécessaire pour comprendre les enjeux globaux et prendre des décisions avisées dans la constitution et le développement de votre patrimoine, peu importe votre âge et vos moyens.

- Chapitre 1 -

La notion de richesse (pour chaque génération)

Le mot patrimoine nous amène à une première interrogation fondamentale. Qu'est-ce que la richesse et comment la définir ?

Ne cherchez pas plus longtemps, il n'existe aucune définition universelle de la richesse. Chaque personne aura sa propre définition de la richesse en fonction de ses attentes et de ses objectifs de vie. Que vous gagniez plusieurs milliers de francs par mois, plusieurs dizaines ou centaines de milliers de francs par mois, votre vie sera faite de choix et de priorités; Vais-je partir en vacances ou changer mon électroménager ? Vais-je acheter un bateau ou une résidence secondaire ? Vais-je racheter l'entreprise A ou l'entreprise B ? Dans un monde où tout est quantifié et quantifiable, ces trois exemples radicalement opposés démontrent que seule la valeur du choix change. La notion de richesse dépend donc principalement des attentes de chacun.

Une partie de la réponse quant à la définition de la richesse est également à chercher dans le contexte économique et les évènements vécus par chacun.

Sans entrer dans des considérations historiques détaillées, votre notion actuelle de la richesse n'aurait probablement pas été la même selon que vous ayez vécu les périodes de guerres mondiales 1914-1918 et 1939-1945, durant les 30 glorieuses (1945-1973), que vous ayez vécu le premier choc pétrolier, la chute de mur de Berlin, les attaques du World Trade Center le 11 septembre 2001 ou la série d'attentats qui a frappé la France dès 2015. Et votre perception de la richesse serait d'autant plus différente et personnelle si vous aviez vécu plusieurs de ces évènements.

Par exemple, les années de guerres mondiales de 1914 – 1945, reflètent une perception de la richesse tournée vers le paraître. Le film «Gatsby le magnifique» est une bonne représentation de cette époque. Posséder la plus belle et la plus chère des maisons, la plus belle et la plus chère des voitures sont des objectifs de vie pour toute une classe aisée de la population. Certains hommes d'affaires n'hésitent pas à dédommager leur tailleur pour détruire le patron qui a servi à créer leur costume, s'assurant ainsi une pièce unique peu importe le coût final. La recherche de la démonstration de richesse est omniprésente.

Les 30 glorieuses (1945 – 1973) amenèrent une révolution dans l'accès à l'éducation, à la formation et à l'emploi générant une croissance économique soutenue notamment par une énergie bon marché. La natalité explose, les régions agricoles vivent un exode de leurs habitants attirés par les emplois industriels et toutes les avancées technologiques qui surviennent. L'augmentation du nombre de jours de vacances obligatoires, la publicité et le marketing apportent une nouvelle vision de la richesse au travers de la consommation rendue possible pour tous grâce à la démocratisation du crédit à la consommation. La voiture, pourtant très coûteuse et souvent achetée à crédit devient un bien indispensable pour tous les ménages.

Le choc pétrolier de 1973, où le baril de pétrole est passé de 3 à 18 dollars en seulement quelques semaines, a multiplié par 6 les coûts énergétiques et amputé de manière considérable le pouvoir d'achat des ménages et augmenté de manière drastique les coûts des entreprises. Cet évènement important de l'histoire économique induira une notion que rien n'est jamais acquis en prouvant que l'on peut passer d'une situation de quasi plein emploi (un chômage quasi inexistant) à une situation de perte d'emplois et de crise économique mondiale en un laps de temps très court.

Pour toute une génération, la chute du Mur de Berlin en 1991 restera une démonstration concrète qu'une situation politique ancrée depuis plusieurs années n'est pas une fatalité et que toute une génération peut voir ses perspectives professionnelles et financières s'ouvrir du jour au lendemain.

A l'inverse, les attaques du 11 septembre 2001 des tours jumelles du World Trade Center, ou la série d'attentats qui frappèrent Paris en 2015 et 2016 traumatiseront toute une génération en gravant l'idée que peu importe où l'on se trouve sur terre, la vie est courte et tout peut basculer en un instant.

Ce genre d'évènements passés, ainsi que tous les évènements majeurs futurs auront un impact sur les choix et priorités de vie conscients et inconscients de milliards de personnes.

Ainsi, en fonction des périodes vécues et des événements traversés, votre perception de la richesse ne restera pas la même tout au long de votre vie. Chaque événement aura un impact sur votre propre définition de la richesse et donc vos choix de vie et priorités.

Une étude réalisée en 2019 par la Federal Reserve Bank of Philadelphia a même mis en avant une corrélation marquée entre le nombre de faillites personnelles et le nombre de gagnants à la loterie par quartier. Cette corrélation s'expliquerait par la volonté inconsciente de tendre à prendre pour modèle ce que l'on considère comme des signes de réussite sociale (maison, voitures, bijoux, etc) et qui pousseraient certaines personnes à prendre des risques financiers considérables qu'elles n'auraient probablement pas pris dans d'autres circonstances. D'autant plus qu'une richesse « créée » par la loterie est souvent perçue comme indue et donc d'autant plus enviée par des voisins qui se considèrent plus méritants car travaillant dur pour obtenir ce qu'ils ont.

Peu importe votre formation ou vos diplômes, il y a de bonnes chances que votre rapport à l'argent soit, dans une certaine mesure, imprégné du comportement, parfois inconscient, de nos proches ou des gens qui nous entourent.

Présenter la richesse (peu importe sa définition) comme inaccessible, représente un risque d'induire des préjugés bien ancrés qui pourraient construire de solides barrières psychologiques difficiles à franchir.

Souvenez-vous de l'adage « ils l'ont fait car ils ne savaient pas que c'était impossible ». Des éléments positifs comme négatifs, conscients comme inconscients seront ainsi amenés à impacter continuellement votre perception de la notion de richesse. Une bonne compréhension du monde et des évènements qui vous entourent vous permettra de redéfinir ou confirmer régulièrement vos priorités et vos objectifs financiers pour prendre des décisions avisées et efficientes dans toutes les situations de vie.

La définition de richesse est donc centrale dans la construction et le développement d'un patrimoine financier car elle sera la ligne directrice qui permettra de fixer ses propres objectifs de vie.

Dans tous les cas, la richesse ne devrait jamais être en objectif en soi mais un moyen de parvenir à ses objectifs.

- Chapitre 2 -

Le rapport à l'argent, les biais cognitifs et émotionnels

Comme nous venons de le voir dans le chapitre précédent, certains événements extérieurs, conscients et inconscients, ont et auront des impacts sur votre propre définition de la richesse. Mais ces événements joueront aussi un rôle prépondérant dans la définition de vos objectifs et décisions futures.

En complément d'une définition de la richesse propre à chacun, chaque personne aura un rapport à l'argent différent. Sans en être conscient, ce rapport à l'argent pourrait être «perturbé» par des aspects émotionnels et cognitifs qui dans certains cas pourraient empêcher la prise de décisions rationnelles.

A titre d'exemple ; Seriez-vous prêt à investir de la même manière, sous-entendu accepter un niveau de risque similaire, de l'argent issu d'un héritage familial, issu de nombreuses années de travail ou provenant d'un gain inattendu à la loterie ?

Un individu rationnel répondrait positivement à cette question car de l'argent reste de l'argent indépendamment de son origine ou de la manière dont il a été acquis. Il ne devrait donc considérer ici que l'objectif final lié à cet argent et faire totalement abstraction de l'aspect émotionnel rattaché à sa provenance.

Or bien souvent, il est difficile pour une personne d'identifier elle-même un biais cognitif ou émotionnel ainsi que son impact sur une décision.

Heureusement, les biais cognitifs peuvent être dans la plupart des cas corrigés par une explication statistique ou une preuve fournie s'ils sont identifiés correctement. Si vous pensez par exemple que voyager en avion est plus risqué que de voyager en voiture, la preuve du contraire pourra vous être apportée en comparant une statistique mondiale sur le nombre d'accidents de voitures avec une statistique mondiale sur le nombre d'accidents d'avions.

Concernant les biais émotionnels, ces derniers ne peuvent généralement qu'être atténués en raison du caractère personnel qu'ils représentent. Si vous êtes de nature optimiste et que vous voyez systématiquement le verre à moitié plein plutôt qu'à moitié vide, vous avez probablement une tendance émotionnelle naturelle (due à votre caractère) à voir les aspects positifs plutôt que les aspects négatifs des choses.

Apprendre à identifier et comprendre vos biais cognitifs et émotionnels devrait vous permettre d'être plus critique lors de la prise de décisions futures. Vous pourrez ainsi tenter d'évaluer leur impact sur l'aspect rationnel des décisions envisagées.

Voici quelques uns des principaux biais cognitifs et émotionnels qui peuvent être rencontrés sur le chemin de la création et du développement d'un patrimoine financier ;

Le biais de surconfiance pousse certaines personnes à penser que leurs décisions, ou les informations qu'elles détiennent, sont systématiquement meilleures que celles des autres.

Le biais de représentativité découle directement de la tendance du cerveau humain à vouloir organiser l'information. Certaines nouvelles informations peuvent donc « faussement » être « rattachées » à une classification existante. Les Initial Public Offering (introduction en bourse d'une société) sont un exemple intéressant de biais de représentativité pour beaucoup de personnes. En effet, les statistiques montrent que le prix payé à l'émission sera souvent rapidement suivi par des opportunités d'achat à des prix inférieurs, toutefois ce genre d'événement attire systématiquement de nombreux investisseurs pour un nombre de places limité.

Le biais d'ancrage et d'ajustement pousse une personne à se rattacher à une « ancre » ou une « référence » pour estimer une valeur dans un domaine avec lequel elle n'est pas familière. Si vous demandez à une personne de vous donner la valeur du cours de l'EURCHF à ce jour, vous avez de bonne chance que la réponse donnée prenne comme référence une estimation basée sur le dernier cours obtenu pour les devises changées lors des vacances de l'année dernière.

La dissonance cognitive survient lorsqu'une information présentée entre en conflit avec les convictions d'une personne. Cette situation génère la création d'un inconfort mental qui va être rapidement chassé par l'auto persuasion. Ce biais cognitif peut être particulièrement douloureux pour un investisseur qui tenterait de s'auto convaincre que des mauvaises décisions prises antérieurement n'en sont pas.

Le biais de disponibilité tend à pousser un individu à réaliser une estimation sur le seul fait des informations en sa possession. Ainsi, personne n'imagine qu'une personne vivant sur terre à plus de chance d'être blessée par la chute d'une pièce d'avion plutôt que par une attaque de requin. La cause étant une considération disproportionnée des médias pour les attaques de requins.

L'auto-complaisance est la tendance naturelle humaine à s'attribuer les mérites d'un succès et reporter la responsabilité d'un échec sur un tiers ou la malchance. Choisissez au hasard une action, si cette action performe, il y a de fortes chances que vous vous attribuiez les mérites du choix réalisé. En revanche, si vous deviez subir une perte, la faute serait probablement à remettre sur la malchance, ou le fait que de toute manière ce n'était pas votre métier.

L'illusion de contrôle laisse penser à certains individus qu'ils peuvent influencer le hasard. Cela se produit par exemple par le fait de conserver sur soi un porte-bonheur lors d'un examen ou d'un événement particulier où vous estimez avoir besoin de chance.

La comptabilité mentale est représentée par l'exemple cité au début de ce chapitre. Même si l'argent reste de l'argent, sa provenance ou son origine est souvent interprétée différemment par le cerveau humain. Vous seriez probablement plus enclin à dépenser de l'argent résultant d'un gain en bourse plutôt que la même somme durement économisée ou héritée d'un proche.

Le préjugé de confirmation est un biais cognitif qui pousse un individu à favoriser les informations qui confirmeraient son point de vue tout en minimisant les informations qui le contrediraient.

Un préjugé rétrospectif pousse un individu à penser qu'un dénouement était à posteriori prévisible. Vous avez probablement déjà entendu un «ce titre ne pouvait que monter, cela était évident».

Le bais de récence exprime le fait que les personnes se souviennent généralement beaucoup mieux des événements récents que des événements passés. Dans cette optique, les investisseurs peuvent être amenés à répéter des erreurs déjà commises par le passé.

Le préjugé de cadrage découle d'une information présentée sous son angle le plus favorable. Par exemple, « 3 t-shirts pour le prix de 2, soit seulement CHF 30.- les 3 » est bien plus vendeur que « CHF 10.- le t-shirt », en revanche le prix à l'unité reste le même. Il n'y a donc pas d'intérêt à choisir l'offre de 3 pour 2 au lieu d'un achat à la pièce.

Le préjugé de la série gagnante amènera un individu à croire que des séquences totalement aléatoires ont en fait une corrélation positive. Une hausse continue d'un titre sur plusieurs jours poussera souvent un investisseur à penser qu'il s'agit d'une série gagnante et que les jours de hausse cumulés ne peuvent que continuer.

Ces principaux préjugés cognitifs, brièvement parcourus, vous devriez désormais être en mesure d'identifier les situations dans lesquelles votre premier jugement pourrait ne pas être rationnel, vous amenant désormais à vous poser les bonnes questions.

Il en est toutefois différent pour les biais émotionnels qui comme évoqué précédemment, ne pourront être, dans le meilleur des cas, qu'atténués si identifiés correctement.

Le biais émotionnel de possession amène un individu à surestimer ou à accorder plus de valeur à un bien qu'il possède déjà plutôt qu'un autre. Ce cas de figure est souvent présent lorsqu'un propriétaire cherche à vendre son bien immobilier.

Le biais d'auto-contrôle est un biais émotionnel qui peut empêcher certaines personnes d'épargner ou d'investir en raison d'une incapacité à contrôler leur consommation présente. Les crédits à la consommation sont une des tentations qui poussent à la consommation instantanée plutôt qu'à l'épargne, or cette consommation instantanée peut représenter au final un coût important.

L'aversion à la perte se matérialiste lorsqu'une personne dépense une énergie supérieure afin d'éviter une perte plutôt que de réaliser un gain d'un montant identique. On peut résumer ce biais par « un risque qui ne rapporte pas le double d'un gain ayant la même probabilité de se produire, ne vaut pas la peine ! » Cette aversion à la perte peut amener des investisseurs à conserver une position en forte sous performance en espérant en vain que le titre revienne au prix d'acquisition.

L'aversion au risque va quant à elle toujours pousser une personne à choisir la solution qui laisse le moins de place à l'inconnu. Une personne avec un biais émotionnel d'aversion au risque préférera perdre un montant certain de CHF 500 plutôt que d'avoir 50% de chance de perdre CHF 1'000.

Le préjugé de statut quo va amener une personne à ne pas prendre de décision si elle se retrouve devant une vaste gamme de choix. Cette situation est dirigée par la peur de prendre une mauvaise décision, ce qui aboutit généralement à une situation de statut quo, évitant ainsi de porter la responsabilité d'un choix qui se serait avéré à postériori une mauvaise idée.

Toutefois, hommes et femmes ne sont pas égaux devant les biais cognitifs et émotionnels. Ainsi les femmes sont par exemple plus susceptibles de se retrouver confrontées à des biais de possession, de statut quo ou de représentativité. Alors que les hommes sont généralement plus exposés aux biais de surconfiance, d'aversion à la perte ou de dissonance cognitive.

Identifier et comprendre vos propres biais cognitifs et émotionnels vous permettra de prendre des décisions avisées et rationnelles en intégrant ces informations et en sollicitant au besoin un avis tiers, ou de l'aide extérieure.

Selon la théorie des marchés financiers efficients, le prix de chaque actif est censé intégrer toute l'information disponible sur le marché. Or comme nous venons de le voir, une même information peut être interprétée de manière différente en fonction de l'individu qui va la traiter et donc générer potentiellement de formidables opportunités si vous êtes en mesure d'interpréter correctement une information qui n'aurait pas été comprise de manière rationnelle par le marché.

- Chapitre 3 -

La valeur temporelle de l'argent

La valeur temporelle de l'argent est un des principes de base de la finance.

Un franc aujourd'hui n'a pas la même valeur qu'un franc dans le futur. Cette notion de relation entre temps et argent est importante pour la construction d'un patrimoine financier, car bien maitrisée, elle produira un effet de levier non négligeable dans la croissance de votre patrimoine.

Premier élément, l'argent n'est jamais gratuit. Le fait même de renoncer à consommer un capital maintenant pour le consommer plus tard doit impérativement être accompagné d'une prime d'encouragement. Cette prime d'encouragement va essentiellement couvrir l'augmentation du coût de la vie jusqu'au moment où la consommation aura été reportée.

Imaginez que vous hésitiez par exemple à acheter un téléviseur aujourd'hui ou l'année prochaine. Si vous disposez du capital nécessaire, deux choix s'offrent à vous ;

Premièrement, vous pouvez aller au magasin ou passer commande sur Internet et acquérir votre téléviseur. Vous aurez ainsi consommé immédiatement en transformant une somme d'argent X en un bien matériel d'une valeur X identique.

Deuxième possibilité, vous décidez de reporter votre achat à l'année prochaine en renonçant à consommer immédiatement pour consommer plus tard. Cette renonciation amène une question. Le prix du téléviseur qui est aujourd'hui de X sera-t-il toujours identique dans 1 an ? Cela est aujourd'hui impossible à dire avec certitude. Il existe donc un risque que le prix X se transforme en prix Y. Ainsi si vous décidez de supporter ce risque, vous devrez faire en sorte que la prime de renonciation (l'intérêt versé sur un compte bancaire par exemple) vous permette d'obtenir la somme Y dans un 1 an.

Pour comprendre comment cette prime de risque est créée, supposons que vous déposiez une somme de CHF 1'000 sur votre compte épargne. La plupart des comptes épargne prévoit un préavis pour tout retrait, ce qui permet à la banque de gérer de manière plus efficiente les sorties de liquidités qu'avec un compte courant et donc servir un taux d'intérêt supérieur en raison du préavis imposé (délai de renonciation minimum à consommer plus long).

Cet argent confié par vos soins à la banque va être utilisé pour réaliser du crédit, c'est à dire des prêts de durées diverses à des entreprises, ou des personnes privées.

Si le fait de renoncer à consommer immédiatement pour consommer plus tard génère une prime de renonciation, le fait de consommer de manière anticipée (c'est à dire utiliser un crédit) génère symétriquement le paiement d'une prime de consommation anticipée au prêteur des liquidités. En fonction du risque que représente l'emprunteur (sa capacité à rembourser et payer les intérêts de sa dette), cette prime de consommation anticipée s'adjoindra d'une prime de risque.

Bien entendu, la banque en tant qu'intermédiaire financier ajoutera une commission entre le prêteur et l'emprunteur.

Le principe de la valeur temporelle de l'argent est un élément essentiel du circuit économique car il procure un encouragement à la circulation des liquidités. Une crise de confiance telle que celle que nous avons traversé en 2008 avec la faillite de la banque Lehman Brothers nous a montré que lorsque la circulation de liquidités rencontre (dépôt de liquidités et prêts) des difficultés, le système financier entier ne fonctionne plus de manière efficiente.

Mais sur quelle base la prime de renonciation à consommer immédiatement ou à l'inverse de consommer de manière anticipté est-elle calculée ? Tout d'abord, cela dépend de la devise et du pays dans lequel le dépôt ou l'emprunt d'argent est effectué. Il existe ce que l'on appelle une courbe de taux. Par courbe des taux, il faut comprendre une courbe de référence pour les principales échéances (1 an, 2 ans, 3 ans, 5 ans, 10 ans, etc), c'est à dire la durée de renonciation à consommer.

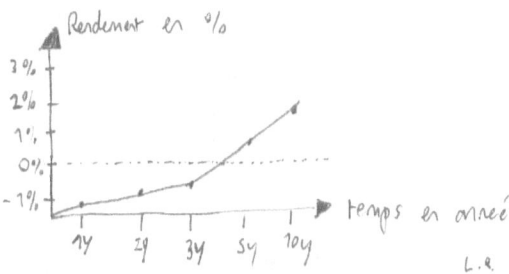

En règle générale, plus l'échéance est lointaine, plus la prime de renonciation sera élevée en raison de l'intensité de l'incertitude qui grandit avec la durée de renonciation. Il arrive toutefois qu'en raison de certains éléments macro économiques, des échéances proches se retrouvent à payer un intérêt supérieur à des durées plus lointaines.

Du point de vue inverse (celui d'un emprunteur), cela signifie qu'il coute mois cher d'emprunter à long terme qu'à court terme.

Dans ce cas de figure, on pourrait donc par exemple emprunter un montant avec une échéance de remboursement à 10 ans à un taux d'intérêt de 2% alors qu'un placement de cette même somme pour un délai plus court pourrait théoriquement rapporter 3%. Cette situation exceptionnelle s'appelle une inversion de la courbe des taux et peut apparaitre lorsque des incertitudes surviennent au niveau de la croissance économique.

La courbe des taux est donc au centre du système économique d'un pays, puisqu'elle va définir les taux de référence du marché. Le Gouvernement étant censé représenter l'entité la plus solide d'un pays, ses taux sont souvent utilisés pour construire la courbe des taux de référence et peuvent être théoriquement vus comme les taux « sans risque » pour les échéances représentées.

Si ces taux servent de référence de base à l'économie entière, différentes primes de risque (cette notion sera abordée ultérieurement dans le chapitre dédié à la relation risque/rendement) viendront s'ajouter en fonction, par exemple, de la qualité du débiteur, du risque de change ou encore du risque de liquidité.

Que vous déposiez des liquidités auprès d'une banque ou que vous investissiez dans des actifs de type obligations, actions ou immobilier, vos rendements seront impactés directement ou indirectement par la forme de cette fameuse courbe des taux d'intérêts de référence. Il s'agit donc là d'un élément qui mérite une attention toute particulière.

- Chapitre 4 -

Les premières briques d'un patrimoine

Pour construire efficacement un patrimoine, 3 éléments majeurs sont nécessaires ;

- Des moyens (peu importe la quantité)
- Du temps
- Et de la rigueur

En pratique, seul l'objectif que vous vous fixerez déterminera les moyens nécessaires à mettre en place en fonction du temps à disposition et de la rigueur que vous déploierez. Dans tous les cas, n'oubliez pas qu'un revenu modeste avec des dépenses maitrisées vaut mieux qu'un revenu élevé avec des dépenses encore plus élevées. Au final, seul le différentiel entre des revenus et des dépenses vous donnera un solde disponible.

La constitution d'un patrimoine peut être vue sous la forme d'un triangle avec ; au point gauche le temps, au point droit les moyens et au point supérieur la rigueur. La surface totale du triangle, qui peut être assimilée au patrimoine ou à un objectif de vie en particulier, sera déterminée par la combinaison de ces 3 points qui forment le triangle. Toute chose étant égale par ailleurs, plus les points seront distants les un des autres, plus la surface du triangle sera grande et donc la valeur du patrimoine ou de l'objectif spécifique aussi.

De manière comparable, deux surfaces identiques (patrimoine identique) de triangles peuvent être formées différemment en fonction du positionnement de chaque point.

Il faut comprendre par cette symbolique qu'un certain nombre de combinaisons différentes est possible pour atteindre le même objectif. Beaucoup de temps, peu de moyens et beaucoup de rigueur peuvent avoir le même résultat que peu de temps, beaucoup de moyens et beaucoup de rigueur. Ce qui est certain, c'est que le temps et la rigueur sont des variables qui sont à la portée d'une majorité d'entre nous indépendamment de nos moyens, de notre classe sociale ou de notre profession.

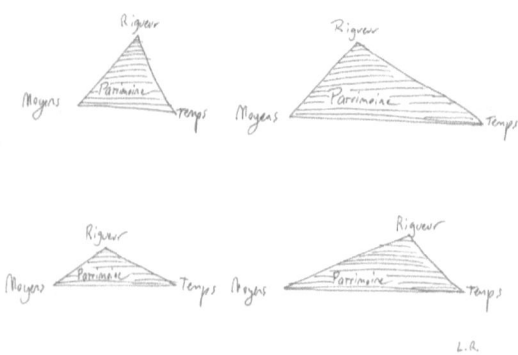

La combinaison idéale serait bien évidemment d'avoir à sa disposition beaucoup de moyens, de temps et une grande rigueur. Dans la pratique, il est souvent difficile de cumuler les trois variables de manière optimale. Nous allons donc voir comment un patrimoine peut être construit à partir des éléments que vous avez à votre disposition.

Les moyens

Tout d'abord, il est primordial de comprendre que sans objectif, des moyens ne sont rien. Des moyens doivent toujours être mis en relation avec un objectif déterminé et réaliste. En effet, avoir pour objectif d'acquérir un jet privé (et d'en assumer l'entretien) avec pour seul financement des revenus d'employé ou de cadre moyen semble difficilement réalisable rapporté au temps à disposition dans une vie entière, même avec la plus grande rigueur du monde. En revanche, avoir pour objectif de devenir propriétaire de son logement semble plus en adéquation avec des revenus d'employé ou de cadre moyen.

Les moyens consacrés à la réalisation d'un objectif doivent être tenables et réalistes au risque de créer des regrets et de la frustration.

Souvenez-vous que la vie est courte et parsemée d'imprévus, une privation de consommation trop importante en vue d'un objectif inadapté peut vous faire passer à côté des plaisirs de la vie et s'avérer catastrophique au final. N'oubliez pas que la dernière chemise n'a pas de poche ! Trouvez une balance idéale entre dépenses et épargne doit être le premier et le plus important de vos objectifs.

Le temps

Le temps est un facteur important de l'équation car il joue un rôle d'effet de levier. Dans un exemple extrême, si vous commencez à investir pour votre retraite à 20 ans, vous devrez y consacrer beaucoup moins de moyens que si vous démarrez un investissement à 50 ans, et ceci pour atteindre le même objectif final. Planifier le plus tôt possible vous permettra de répartir vos moyens sur différents objectifs avec des horizons temps différents.

N'oubliez jamais que le temps est votre allié car le temps qui passe rapporte. Le principe même de l'épargne est de renoncer à une consommation immédiate en échange d'un intérêt financier permettant de rémunérer cette renonciation temporaire.

La rigueur

La rigueur est essentielle pour atteindre un objectif tel qu'il soit. Le moindre imprévu ne doit pas venir perturber votre objectif final, laissez-vous une certaine latitude financière pour être en mesure d'absorber certains imprévus qui font partie de la vie de tous les jours. Un électroménager qui lâche, une tôle froissée, un trou dans la toiture, ou des ennuis de santé dans un cas plus grave.

Si vous décidez de consacrer CHF 100 ou CHF 500 mensuels à l'un de vos objectifs, votre meilleur moyen d'instaurer une rigueur sans faille est de planifier l'imprévu. La rigueur passe aussi par l'organisation de ses moyens. Il est coutume de dissocier les moyens en 3 catégories :

- La réserve de liquidités court terme (environ 2x les dépenses mensuelles)
- La réserve de liquidités moyen terme (environ 2x le montant des liquidités court terme)
- Les investissement long terme/projets de vie (le surplus)

La liquidité court terme permet de parer aux dépenses imprévues. La réserve de moyen terme a pour fonction de fournir une réserve pour des dépenses plus conséquentes à moyen terme (études, nouvelle voiture, etc). Une fois ces deux premiers « pots » remplis vous pouvez sans risque commencer à remplir le 3ème pot qui regroupera vos différents projets de vie.

La majorité des imprévus pourra ainsi être absorbée par votre première réserve et vos besoins à moyen terme financés par votre réserve moyen terme, sans que cela n'impacte vos objectifs de vie.

- Chapitre 5 -

La croissance d'un patrimoine

La croissance d'un patrimoine est essentielle pour plusieurs raisons. D'une part, pour préserver vos avoirs d'une perte de valeur dans le temps (l'augmentation du coût de la vie), mais également pour assurer à terme la réalisation de vos différents objectifs de vie qui par définition, se situent dans le futur et impliquent une accumulation de fortune.

Plus l'objectif final est lointain ou abstrait, plus important sera la rigueur à appliquer pour y parvenir. L'épargne en vue des prochaines vacances d'été est un objectif beaucoup plus concret que l'achat de votre premier logement envisagé dans une dizaine, voire quinzaine d'années. Un objectif doit être clair, quantifiable et vous devez surtout pouvoir évaluer votre progression vers son accomplissement en tout temps.

Deux éléments sont ainsi primordiaux pour avancer vers un objectif avec succès ; les habitudes et les récompenses.

Les habitudes

Vous êtes-vous déjà demandé pourquoi il est parfois si difficile de réaliser de simples et petits changements dans votre vie ? Et pourquoi certaines personnes semblent pouvoir le faire très rapidement et avec une grande facilité ? Rassurez-vous, il ne s'agit probablement que du simple fait que vous n'utilisez pas encore la bonne méthode pour installer une habitude.

Une habitude est une manière usuelle d'agir, une manière instinctive de se comporter. Une habitude établie ne demande ainsi généralement plus ou que très peu d'effort pour son exécution. C'est exactement ce à quoi il vous faut arriver en terme de comportement financier.

Qui n'a jamais pris la bonne résolution de démarrer une cure de remise en forme au 1er janvier en allant régulièrement à la salle de sport ? Généralement, la première semaine se passe plutôt bien, vous tenez une rigueur sans faille et faites même du zèle avec 30 minutes supplémentaires par rapport à votre objectif. Félicitations, la motivation est au top !

Puis, la deuxième semaine arrive et vos collègues vous proposent un apéro qui bien évidemment tombe sur le jour où vous vous êtes organisés pour faire du sport. Qu'à cela ne tienne, vous irez à la salle de sport le jour suivant. Sauf que le jour d'après, votre agenda qui n'avait pas été bloqué, est déjà plein. Tant pis, finalement vous y êtes déjà allé une fois cette semaine, ce n'est pas si mal après tout. Vous avez quand même atteint 50% de votre objectif hebdomadaire.

La semaine d'après, vos magnifiques nouvelles chaussures italiennes vous font horriblement mal aux pieds. Il est probablement plus sage de reporter l'entrainement cette semaine (par mesure de sécurité bien entendu). Et la semaine d'après, vous avez posé congé. Vous n'allez quand même pas vous rendre à la salle de sport qui se trouve juste à côté de votre bureau au risque de rencontrer vos collègues durant votre congé.

Bilan sur 4 semaines ; 1 semaine avec 2 entrainements et une semaine avec un 1 seul entrainement. C'est à dire 3/8 soit une atteinte de vos objectifs de l'ordre de 37.5%. Si vous vous étiez fixés d'être en forme pour les beaux jours, le temps perdu ne pourra être rattrapé qu'en déployant plus d'efforts.

Le principe est exactement le même pour un objectif financier. Si vous vous fixez un objectif d'épargne de CHF 10'000 par an pour réaliser votre rêve de devenir propriétaire et que la première année vous n'avez épargné que la moitié de cette somme, soit votre achat devra être reporté dans le temps, soit vous devrez déployer plus de moyens pour combler votre retard et tenir le délai espéré.

Tout comme pour l'entraînement sportif régulier, il y a, à ce stade, de fortes chances que vous vous découragiez et abandonniez votre objectif final sous prétexte que de toute manière, devenir propriétaire est impossible pour vous car vous n'en avez pas les moyens.

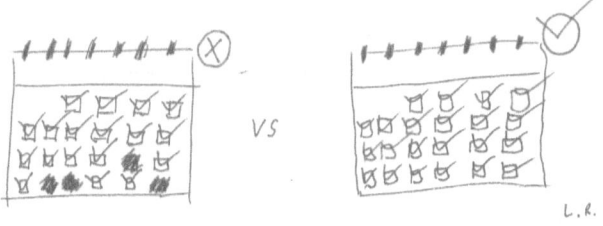

En partant de l'exemple sportif, imaginez maintenant que vous ayez tenu bon durant 3 mois à raison de deux entrainements par semaine, en variant vos exercices en fonction de votre énergie. Parfois plus, parfois moins, mais dans tous les cas vous étiez à la salle de sport et pratiquiez. Vous auriez ainsi installé une habitude, cette fameuse manière instinctive de se comporter qui diminue, voire fait disparaître la mobilisation de ressources cérébrales pour réaliser une action. Cette action ferait désormais partie de votre routine jusqu'à l'atteinte de votre objectif final et vous pourriez observer rapidement votre progression vers l'achèvement de votre objectif.

La récompense

La récompense est un élément important qui vous amènera vers la réalisation de votre objectif final.

Pourquoi une récompense ? Parce que nous sommes humains et que notre cerveau fonctionne ainsi. Il s'agit ici de stimuler cette fameuse molécule libérée par notre cerveau qui s'appelle la Dopamine et qui procure un sentiment de bien être et satisfaction.

Vous ne vous en rendez peut être pas compte, mais les récompenses inconscientes sont omniprésentes autour de nous et se présentent sous de multiples formes. Lorsque vous embrassez vos enfants le soir au coucher et qu'ils vous disent « tu es le meilleur papa/maman de monde » ou lorsque vous revenez du sport et que le pèse-personne vous indique un kilo en moins.

A l'inverse, l'absence de récompense créerait de la frustration et un découragement. Imaginez-vous aller courir une heure chaque matin puis monter sur votre pèse-personne sans constater de résultat ? Certainement pas !

Ainsi pour atteindre votre objectif final, votre priorité doit être de pouvoir visualiser et confirmer votre avancement vers votre objectif final. Une récompense peut prendre plusieurs formes différentes. Dans sa forme la plus simple, votre première récompense (ou du moins celle de votre cerveau) sera de constater la progression réalisée.

Le simple fait de pouvoir quantifier le chemin parcouru vers un objectif et visualiser l'effort restant qui diminue continuellement procurent déjà une satisfaction inconsciente à notre cerveau, perdurant ainsi la motivation nécessaire pour continuer.

Le monitoring d'un objectif est donc primordial. N'hésitez pas à utiliser des plannings pour valider chaque étape concrétisée. Un bon suivi et une vision claire de l'état d'avancement d'un objectif comptent pour beaucoup dans le succès final.

Et si vous sentez une certaine lassitude ou une démotivation s'installer, n'hésitez pas à fixer des récompenses supplémentaires tout au long du chemin vers la réalisation de votre objectif.

Un bon restaurant ou une bonne bouteille de vin pour fêter l'atteinte de votre première année d'épargne concrétisée est un excellent moyen de garder le cap tout au long du parcours.

Le concept des silos

L. R.

Savez-vous dans quel but est utilisé un silo ? Le but premier est de séparer les choses. Dans l'agriculture, un silo sert à accumuler des produits de manière distincte. Un silo pour le blé, un silo pour les graines, etc. Cette segmentation permet à l'agriculteur de connaitre exactement la quantité accumulée, ou utilisée pour chaque besoin spécifique.

Ce concept des silos est un outil formidable dans la construction et le développement d'un patrimoine financier pour suivre chaque objectif de manière distincte. Ainsi, la progression de chaque projet peut être monitorée de manière individuelle mais également être facilement agrégée en tout temps pour conserver une vision globale du patrimoine.

Avoir à disposition un niveau de détail par objectif vous permettra de naviguer dans votre patrimoine de manière matricielle, car n'oubliez pas que vos priorités de vie et les objectifs liés doivent être revus et revalidés régulièrement pour garder une vision claire et à jour de la situation.

- Chapitre 6 -

Les étapes de vies et la revue des objectifs

La revue des objectifs est directement liée aux étapes de vie. Faites le test en demandant à un public de tout âge s'il a gardé les mêmes attentes tout au long de sa vie ? La réponse sera probablement négative car les différentes phases de la vie amènent chacune des priorités et des objectifs différents.

Il est donc essentiel pour le bon développement de votre patrimoine financier de mettre en place des révisions régulières de vos différents objectifs de vie.

L'idéal est de planifier une révision annuelle de votre situation, ou au minimum pour chaque étape importante de votre vie. Vous garderez ainsi, d'une part, les idées claires sur vos objectifs et d'autre part, vous pourrez anticiper des besoins à venir ou de futurs objectifs de vie qui pourront être considérés et planifiés suffisamment en amont. N'oubliez pas que le temps est votre allié sur plusieurs plans. Une bonne anticipation vous permettra de faire des choix efficients et adaptés.

Lorsque l'on parle d'étapes de vie, il serait trop simpliste de vouloir les définir à partir des tranches d'âge spécifiques. L'approche la moins risquée reste d'essayer de les définir à partir d'événements (positifs comme négatifs) qui pourraient survenir dans une vie entière. Par exemple ; L'entrée dans la vie active, un mariage, des enfants, une promotion, un divorce, la maladie, le décès d'un conjoint, la retraite, la transmission du patrimoine.

L'entrée dans la vie active et les premiers revenus réguliers, amènent généralement certaines réflexions sur de nouveaux objectifs en adéquation avec ses nouveaux moyens. Les premières rentrées d'argent peuvent aussi êtres synonymes de tentations de brûler les étapes. Si un revenu régulier peut vous ouvrir les portes du crédit et de la voie de la consommation anticipée contre intérêts, il est important de bien peser les conséquences d'un achat à crédit. Une bonne ligne directrice est de considérer qu'un crédit représente une opportunité uniquement s'il permet au final de gagner ou économiser de l'argent (par exemple en évitant des dépenses régulières plus importantes sur le long terme).

La notion d'impôt est également importante dans cette étape de vie, car l'impôt sur le revenu est généralement une taxe différée, basée sur une déclaration postérieure aux revenus acquis. Votre budget doit donc considérer cette importante sortie d'argent qui surviendra au début de chaque année suivant les revenus gagnés.

Le mariage ou la vie de couple génèrent souvent de nouveaux projets communs qui viendront remplacer ou compléter certains projets individuels préexistants. Le choix d'un bien immobilier commun, la fondation d'une famille, etc. Le mariage, ou la vie de couple amènent souvent de nouveaux revenus et de potentielles économies par la mutualisation de certains frais (logement, voiture, etc.). Cette étape de vie amène souvent une augmentation du pouvoir d'achat dont il est bon de profiter pour constituer des réserves de sécurité.

Si le bonheur d'un enfant n'est pas quantifiable, l'impact financier est quant à lui nettement plus concret. Assurances, nourriture, frais médicaux, frais de garde, logement plus grand, autant d'aspects qui doivent être considérés dans votre planification pour éviter de devoir faire une croix (du moins temporaire) sur vos autres projets de vie. D'autant plus qu'au delà des dépenses, qui mathématiquement augmentent avec l'arrivée d'un enfant, le manque de solution de garde, ou le choix respectable de consacrer du temps à son ou ses enfants, amènent parfois une diminution des revenus liée à une réduction du taux d'activité de l'un ou des deux parents.

La notion d'étapes de vie et la révision régulière des objectifs sont importantes car comme on le voit dans cet exemple, l'objectif d'acquérir son propre logement, planifié durant la phase de mariage/mise en couple, peut être vite remplacé par le bonheur incommensurable de passer du temps avec ses enfants et les voir grandir. Ainsi, lorsqu'un objectif déterminé est planifié, il faut dans la mesure du possible, envisager tous les hypothétiques changements de cap qui pourraient survenir en cours de route. En considérant au maximum l'imprévu, vous pourrez ainsi choisir des solutions adaptées et modulables qui vous laisseront des portes de sortie pour réviser vos priorités.

A titre d'exemple; souscrire un contrat de prévoyance retraite avec des mensualités fixes de CHF 1'000/mois sur 40 ans et correspondant à votre solde disponible à 25 ans est un objectif très ambitieux. Comme nous l'avons vu ici, certaines étapes de vie à venir pourraient nécessiter d'ajuster ou répartir vos priorités différemment. Un engagement contractuel pris à 25, ans pourrait vous coûter cher s'il devait être amené à être modifié par la suite.

Un divorce est une situation très délicate financièrement, car elle nécessite généralement une évaluation du patrimoine de couple en vue d'en définir la répartition. Si la loi détermine la répartition de certains avoirs (la prévoyance professionnelle par exemple) le reste du patrimoine devra être évalué et réparti selon les éventuels accords en vigueur à la date du mariage (contrat de mariage par exemple). Dans tous les cas, certains avoirs, comme un bien immobilier ou un portefeuille de titres, ne peuvent pas être divisés aussi facilement qu'un compte d'épargne, et pourraient être amenés à être vendus (souvent dans l'urgence et donc au détriment des vendeurs) pour en réaliser le partage et valider la séparation.

Le versement de pensions peut aussi amener certains déséquilibres financiers. Prenez le cas d'un des deux conjoints qui déciderait de conserver le bien immobilier existant, ou d'en acquérir un nouveau. S'il a pour obligation de verser une pension à son ex conjoint, ce montant sera déduit de ses revenus disponibles, mettant potentiellement une nouvelle barrière à l'entrée pour son éligibilité au financement hypothécaire. Le cas inverse n'est pas forcement plus simple car un ex conjoint, qui recevrait une pension, ne pourrait pas non plus, en raison du caractère temporaire de celle-ci, la faire considérer comme un revenu éligible au calcul de faisabilité hypothécaire. Résultat, même si les deux ex conjoints étaient éligibles au financement hypothécaire de manière individuelle ou coresponsables avant mariage, la situation peut être bien différente après un divorce. Une fois encore, la révision des objectifs de vie tient une importance primordiale ici.

La maladie peut générer plusieurs types d'impacts en fonction de son intensité et de sa gravité. Premièrement, une phase de maladie peut induire une diminution temporaire du revenu par l'incapacité de gain qui surviendrait. Deuxièmement, et en parallèle de la diminution de revenu, les frais médicaux et dépenses annexes liés à une incapacité de gain peuvent aussi prendre l'ascenseur. En effet, en fonction de la nature de la maladie et de l'incapacité, des services de soins ou d'aide à domicile peuvent représenter des sommes conséquentes, en plus des participations aux frais médicaux prévues par la loi.

Ce type de risque peut bien entendu être couvert par un bon nombre d'assureurs privés. Toutefois, au regard des primes demandées, le risque que vous accepterez de supporter devra être mis en relation avec le coût de protection, total ou partiel, du risque en question. Le rôle d'une assurance est de couvrir un risque quantifié en échange d'une prime. On pourrait traduire cela par le paiement d'une prime de sommeil qui vous permet de dormir sur vos deux oreilles en sachant que si l'événement assuré se produisait, vous seriez financièrement couvert.

Or il serait utopique d'imaginer couvrir tous les risques existants sur terre. Un choix devra donc nécessairement être fait en accord avec vos priorités. N'oubliez également pas qu'un objectif planifié suffisamment tôt peut aussi, passé un certain stade, vous amener une sécurité financière sur certains points en complément, ou en remplacement d'une assurance.

L'étape de vie, qualifiée de manière presque trop simpliste de « retraite », peut diamétralement varier en fonction des attentes et des choix de chacun. Si la retraite classique peut amener une diminution des revenus, elle peut aussi induire une diminution des dépenses (moins de frais de déplacement, repas à l'extérieur, charge fiscale moins importante, diminution de certains besoins). Un retraité pourrait donc, dans certain cas, voir son pouvoir d'achat absolu (revenus – dépenses) augmenter une fois à la retraite et profiter encore ainsi de belles années de santé qui pourraient amener de nouveaux objectifs de vie.

A l'inverse, certaines personnes souhaiteront peut-être utiliser leur patrimoine pour prendre une retraite anticipée et financer elles-mêmes ces précieuses années de retraite supplémentaires. Il est également de plus en plus fréquent d'initier une retraite partielle et progressive quelques années avant l'âge légal. Cela permet d'introduire une diminution progressive des revenus avant de faire le grand saut.

Dans d'autres cas, certaines personnes souhaiteront continuer à travailler par choix ou par nécessité. Ce double revenu de pensionné et d'actif permettra de viser de nouveaux objectifs quels qu'ils soient (meilleure qualité de vie future ou nouveaux objectifs de vie).

Sur le plan financier, un décès amène une disparition définitive des revenus ou dans le meilleur des cas un remplacement des revenus disparus par une rente. La définition même de l'héritage évoque une notion de dilution du patrimoine au conjoint survivant et aux générations suivantes.

En fonction des attentes de chacun, cette transmission mérite d'être préparée à temps pour éviter de mauvaises surprises, ou problèmes de répartition entre les survivants.

Dans tous les cas, un patrimoine bien construit et bien géré devrait survivre à son propriétaire.

Vous l'aurez compris, la liste des événements pouvant impacter un changement de priorités et une modification des objectifs de vie est longue.

Gardez en tête que rien ne doit être définitivement gravé dans le marbre. Seuls un suivi rigoureux du patrimoine et une revue régulière couplée à une potentielle adaptation des objectifs vous permettront de garantir une bonne planification et une situation en adéquation avec vos attentes du moment.

- Chapitre 7 -

Les destructeurs de valeur et comment en tirer profit

Lorsque l'on parle du développement ou de la croissance d'un patrimoine, il y a plusieurs éléments extérieurs qui doivent être compris et maitrisés pour ne pas venir perturber la feuille de route et la progression vers l'objectif fixé.

Sans rentrer dans des considérations fiscales propres à chaque pays et à chaque investisseur, l'impôt est le premier destructeur de performance et donc, in fine, de valeur. Le choix des produits d'investissements utilisés et la forme des investissements réalisés doivent donc impérativement tenir compte de l'aspect fiscal qui sera propre à chaque situation. Investir dans un produit inadapté peut procurer un rendement après impôt négatif alors même qu'il aurait performé positivement de manière absolue.

En revanche, si l'impôt peut, dans la plupart des cas, être vu comme un redoutable destructeur de valeur pour l'investisseur, il peut aussi s'avérer être un formidable accélérateur de performance et donc au final, de valeur/croissance pour l'investisseur qui saurait l'utiliser judicieusement.

En effet, si le rôle premier d'un impôt est de générer des revenus pour l'Etat, l'impôt peut aussi être utilisé par les gouvernements comme incitation à investir dans certains produits, certaines classes d'actifs ou sous certaines formes spécifiques.

Prenons l'exemple de la prévoyance retraite suisse. Il existe 3 niveaux de prévoyance en Suisse, l'AVS (Assurance Vieillesse et Survivants) communément appelée le 1er pilier, la caisse de pensions « LPP » (Loi sur la Prévoyance Professionnelle) communément appelée le 2ème pilier et la prévoyance privée, communément appelée le 3ème pilier et qui comprend toute l'épargne privée (maison, art, liquidités, titres, etc).

Le cas du 3ème pilier est intéressant car il peut être considéré comme prévoyance privée, tout ce que l'investisseur aura pris soin d'épargner à titre individuel. Sous un angle fiscal, l'administration fiscale suisse offre la possibilité de déduire intégralement les investissements de prévoyance privée réalisés dans un produit de prévoyance assurance ou bancaire de type 3ème pilier A (lié à certaines conditions de retrait dont notamment la retraite, le départ à l'étranger ou encore une acquisition immobilière en résidence principale) et ce jusqu'à un plafond de CHF 6'826 pour une personne avec une activité lucrative dépendante (un plafond plus élevé est possible pour une personne au statut d'indépendant sans fonds de pension LPP).

Il s'agit là d'un exemple typique d'incitation fiscale permettant à l'investisseur de non seulement bénéficier du rendement absolu de son produit, mais également d'augmenter son rendement final par la déduction fiscal obtenue.

Prenons l'exemple de deux investisseurs différents avec ce que l'on appelle un taux marginal d'imposition de 30% (signifiant que tout revenu supplémentaire gagné serait taxé à un taux de 30%) :

L'investisseur A décide d'investir un montant de CHF 5'000 dans son projet de prévoyance privée au travers d'un portefeuille d'actions suisses. Après une année, son portefeuille affiche une performance très satisfaisante de 8.9%.

L'investisseur B décide d'investir un montant de CHF 5'000 dans son projet de prévoyance privée au travers d'un produit de type 3ème pilier A. Après une année, son produit a réalisé une performance honorable de 4.5%.

En s'arrêtant à la seule analyse des performances de chaque stratégie d'investissement, nous constatons que l'investisseur A a réalisé une surperformance de 4.4% par rapport à l'investisseur B.

En considérant maintenant l'aspect fiscal, les choses sont relativement différentes. En effet, en choisissant d'investir directement dans des actions pour un projet de prévoyance privée, le gain en capital pour les personnes physiques n'étant pas taxé en Suisse, l'investisseur A obtiendra donc une performance totale après impôt de 8.9%.

L'investisseur B qui a choisi de réaliser son projet de prévoyance privée en investissant dans un produit de 3ème pilier A est éligible à la déduction fiscale accordée par l'administration fiscale suisse. Son taux d'imposition marginal de 30% appliqué à son investissement de CHF 5'000 lui procure donc une économie d'impôt de CHF 1'500 (5'000 x 30%).

Ainsi, sans tenir compte de la performance du produit lui-même, mais exclusivement de la déduction fiscale accordée pour chaque investissement réalisé, le simple fait d'avoir investi CHF 5'000 aura procuré un avantage de

CHF 1'500, soit une performance de 30%. La performance nette après impôt sera donc de 30% + 4.5%, soit 34.5% sur un an.

Si ce type d'investissement offre une déduction fiscale et est exempté de l'impôt sur la fortune, un impôt unique et progressif (en fonction du montant) sera dû lors du retrait final du capital de prévoyance accumulé.

Toutefois, cet impôt peut être potentiellement réduit, voir ramené à un taux de 0% par un retrait systématique du capital accumulé avant d'atteindre le seuil minimum taxable, par exemple pour amortir une dette hypothécaire tous les 5 ans ou par l'accumulation du capital au travers de plusieurs comptes 3A qui offriront la possibilité de réaliser des retraits par tranche au lieu d'un seul et unique retrait (réduisant ainsi l'effet progressif de l'impôt dû).

Au regard de ces différents éléments, l'écart de performance final après impôt est de 25.6% entre les deux stratégies d'investissement qui peuvent potentiellement être basées exactement sur les mêmes sous-jacents.

Si l'aspect fiscal peut être habilement utilisé pour dégager des rendements supplémentaires, il existe un second élément destructeur de valeur que tout investisseur devrait surveiller de près.

Il s'agit de l'inflation qui, étroitement monitorée par l'indice des prix à la consommation, permet de mesurer le niveau d'augmentation du coût de la vie.

De manière simplifiée, l'indice des prix à la consommation peut être vu comme un panier représentatif de la consommation des ménages du pays en question. Cet indice va être calculé en fonction de l'évolution des prix des articles/services contenus dans le panier. Ainsi, une évolution positive de l'indice traduit une augmentation du coût de la vie dans le temps.

Nous avons déjà tous souri en lisant de vieux journaux d'époque ou en regardant des photos de nos grands parents où apparaissaient des prix ou des valeurs d'époque. Si une baguette de pain est passée de 50 centimes autrefois au prix connu aujourd'hui, il faut considérer que la croissance économique a également permis aux revenus de croitre en parallèle et donc aux travailleurs de maintenir leur pouvoir d'achat voire de l'augmenter au fil du temps.

Pour illustrer la destruction de valeur générée par l'inflation, imaginez que vos grands parents aient laissé un billet de CHF 1'000 sous leur matelas à l'époque où une baguette de pain coutait 50 centimes. Cette somme leur aurait permis, à l'époque, d'acheter 2'000 baguettes de pain (1'000 / 0.50).

Imaginez maintenant que vous héritiez de ce billet de CHF 1'000 retrouvé sous leur matelas. La différence entre l'effort d'épargne nécessaire à l'époque de vos grands-parents et ce que vous permettrait d'acheter cette somme de CHF 1'000 aujourd'hui serait bien différent.

Supposons qu'une durée de 60 ans nous sépare du jour où cette somme a été épargnée, et qu'une inflation annuelle moyenne de 1.5% a produit une inflation cumulée de 90% sur cette même période de 60 ans (60 ans * 1,5%), cela signifie que cette même épargne de CHF 1'000 constituée par vos grands-parents et que vous hériteriez aujourd'hui aurait perdu 90% de sa valeur dans l'état de coût de la vie actuel.

Ramené à notre exemple des baguettes de pain et en partant du principe qu'une baguette de pain coûte aujourd'hui CHF 2,50, vous pourriez, avec la même somme, obtenir 400 baguettes de pain au lieu des 2'000 baguettes d'époque alors qu'il s'agit pourtant du même billet de CHF 1'000.

Et le principe est exactement le même pour de l'argent qui dormirait sur un compte en banque sans produire de rendement ou en produisant un rendement inférieur à l'inflation annuelle.

A titre d'exemple, la Suisse mondialement réputée pour sa stabilité politique et économique, a traversé des périodes de fortes inflations avec un pic annuel à 12% en 1973. Tout comme l'impôt analysé précédemment, l'inflation est un destructeur de performance et de valeur pour celui ou celle qui ne le considérerait pas dans la stratégie de croissance de son patrimoine.

Rappelons que l'inflation représente l'augmentation de valeur d'un panier de biens de consommation et services. La définition même est importante, car elle implique que deux parties sont impactées par un chiffre d'inflation positif.

En effet, si la valeur absolue du panier augmente, la somme jusqu'ici nécessaire pour acquérir ce même panier ne sera plus suffisante puisqu'il en faudra par conséquent une quantité désormais supérieure. Nous pouvons donc dire que cette somme de X aura perdu de la valeur puisqu'elle ne permettra plus d'acquérir le même panier.

A noter que la situation inverse serait également possible. Il s'agirait dans ce cas d'une situation de déflation où les biens réels perdent de la valeur au fil du temps. Cela signifie que la même somme d'argent permet d'acquérir de plus en plus de biens au fur et à mesure que le temps passe.

Si vous voulez gagner de l'argent en période d'inflation positive, il vous faudrait donc détenir la partie qui prend de la valeur, c'est à dire des valeurs réelles comme celles détenues dans le fameux panier (dépenses de logement, énergie, etc) que vous pourrez potentiellement revendre plus tard à un prix plus élevé. Ces valeurs réelles sont par exemple des actions ou un logement que vous auriez mis en location et pour lequel le loyer demandé pourrait profiter de l'augmentation du coût de la vie (l'inflation).

Toutes choses étant égales par ailleurs, si l'inflation détruit de la valeur sur un montant épargné, elle détruit également de manière symétrique de la valeur sur une dette.

A l'inverse de l'exemple précédent, imaginez maintenant que vous grands-parents aient investi leur CHF 1'000 dans l'achat d'une maison qui en aurait couté CHF 50'000 et qu'ils aient laissé sous leur lit une reconnaissance de dettes envers l'ancien propriétaire d'un montant de CHF 49'000 (50'000 – 1'000).

Vous vous retrouveriez aujourd'hui à hériter d'une maison achetée CHF 50'000 il y a 60 ans et d'une reconnaissance de dettes pour un montant de CHF 49'000 établie il y a 60 ans, soit mathématiquement d'un héritage de CHF 1'000.

En considérant toujours une inflation cumulée de 90% sur 60 ans (soit une inflation annuelle moyenne de 1.5%), la valeur actualisée de votre héritage serait la suivante :

La valorisation de la Maison achetée CHF 50'000 il y a 60 ans peut aisément être multipliée par 10 sur une telle période pour atteindre une valeur CHF 500'000 soit une performance de 1'000% (en plus de profiter d'une inflation positive, l'immobilier bénéficie directement de la raréfaction des terrains disponibles, ce qui a pour conséquence de générer une demande supérieure à l'offre et ainsi tirer les prix à la hausse de manière exponentielle).

Du côté de la dette, la valeur de CHF 49'000 d'époque aura quant à elle subi une inflation cumulée de 90% sur 60 ans. Sa valeur réelle (réajustée au pouvoir d'achat actuel), ou l'effort nécessaire pour la rembourser aujourd'hui, sera ainsi totalement différent de l'effort qui aurait été nécessaire il y a 60 ans.

Souvenez-vous que le premier exemple illustrant une stratégie de conservation d'un montant sous forme de billets (ou sur un compte bancaire sans rendement) affichait une perte de 90% de sa valeur alors que ce deuxième exemple d'un montant similaire investi présente quant à lui un double gain fortement positif sur la même période.

Une stratégie tenant compte de l'inflation peut donc permettre deux choses.

Premièrement, profiter de l'augmentation de coût de la vie en investissant dans des valeurs réelles qui verront leur prix augmenter en conséquence, voire de manière exponentielle en raison d'autres facteurs (raréfaction de la quantité disponible, croissance de la demande, etc)

Deuxièmement, profiter d'une perte de valeur réelle de la valeur de l'argent (au travers d'une dette) en raison de l'augmentation du coût de la vie.

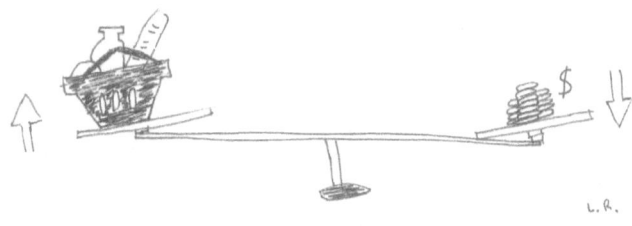

L. R.

- Chapitre 8 -

La relation risque/rendement

Le fameux adage « on n'a rien sans rien » illustre à lui seul la relation risque/rendement que le développement d'un patrimoine implique inévitablement.

Nous l'avons vu précédemment, la raison principale du développement d'un patrimoine est double; Réaliser vos objectifs de vie et permettre à votre patrimoine de vous suivre tout au long de votre vie, voire de vous survivre.

Nous l'avons également abordé plus tôt, l'aspect fiscal et l'inflation sont deux destructeurs de valeur qui, exploités incorrectement, peuvent s'avérer être de forts vents contraires dans le développement d'un patrimoine financier.

Un troisième aspect majeur vient s'ajouter à la notion d'objectifs de vie. Il s'agit du risque que vous êtes prêt à prendre pour atteindre vos objectifs.

En effet, peu importe la forme ou la nature de vos investissements, investir implique des risques et la relation risque/rendement est omniprésente. Plus un investissement sera risqué, plus le rendement pouvant être attendu devra être élevé.

Bien comprendre les risques liés à chaque situation vous permettra de prendre des décisions efficientes en toutes circonstances et éviter ainsi les mauvaises surprises et déceptions qui pourraient en découler d'une prise de conscience tardive. Il est important de noter qu'en fonction des situations rencontrées, différents risques peuvent survenir de manière isolée ou se cumuler.

Avant toute chose, le développement de votre patrimoine impliquera nécessairement une relation d'affaire avec une ou plusieurs banques peu importe le type de produits ou services que vous utiliserez, il est donc important de dissocier les 3 principaux types de services que vous pouvez attendre d'une banque.

Le premier est le dépôt de liquidités sur un compte bancaire. Dans ce cas-là, votre contrepartie est la banque à qui vous avez confié vos liquidités. Celle-ci va les faire travailler en les diffusant dans le circuit économique. Par contrepartie, on entend par là que si la banque était amenée à disparaître, vous devriez théoriquement supporter le risque de perdre votre argent. En Suisse, les dépôts des clients font l'objet d'une garantie de la Confédération jusqu'à concurrence de CHF

100'000 par client. Certains Etats européens ont également introduit des garanties sur les dépôts bancaires des clients après la crise de liquidités de 2008.

Le deuxième type de service possible est la garde de vos titres (actions, obligations, fonds de placements, etc), où la banque agit en tant que prestataire de services. Vous ne supportez donc pas de risque de contrepartie avec la banque dans ce type de relation, puisque la banque ne joue qu'un rôle de gardien contre rémunération.

Le troisième type de service possible est un mandat de gestion, ou de conseil qui donnera à la banque la responsabilité de gérer ou de vous conseiller dans le cadre de vos investissements, en accord avec votre profil d'investisseur.

Une autre variante de ce troisième type de service est le mandat d'exécution seul. Dans ce type de mandat, vous utiliserez la banque pour exécuter vos ordres sans conseil de sa part et sur la seule base de vos décisions (c'est par exemple le cas des banques en ligne proposant des interfaces de trading pour leurs clients).

Mais qu'entend-on exactement par profil d'investisseur ? Il s'agit d'un profil déterminé notamment à partir des moyens financiers à disposition du client, de l'expérience et des connaissances financières, de la capacité/volonté de prendre des risques et bien entendu des objectifs de ce dernier. Ce profil d'investisseur, ou profil de risque permet ainsi de déterminer le type d'investissements ou de stratégies adaptées à l'investisseur en fonction des différents niveaux de risques qu'il est en mesure de supporter.

Le risque de contrepartie est le risque de non exécution des engagements convenus lorsque vous êtes en relation avec une entité quelle qu'elle soit. Vous décidez par exemple de prêter de l'argent à votre cousin contre un intérêt de 3% par an. Cet investissement représente un risque de contrepartie dans le sens où votre cousin pourrait se retrouver en incapacité (volontaire ou involontaire) de vous payer l'intérêt convenu, ou vous rembourser la somme prêtée à terme. Le principe est le même avec n'importe quelle contrepartie, qu'il s'agisse d'une banque, d'une société ou d'un particulier.

Ce risque peut être mitigé par une étude de la solidité financière de la contrepartie. En cas de doute, il peut être envisagé dans certains cas, de mobiliser des garanties bloquées en tant que collatéral. Ces garanties pourront être utilisées comme dédommagement si la contrepartie venait à ne pas respecter ses engagements.

C'est par exemple le cas lorsque vous louez un appartement. En plus d'une analyse de votre solidité financière, le bailleur va en principe vous demander d'ouvrir un compte de garantie loyer avec une somme correspondant à trois mois de loyer. Il s'agit pour le bailleur d'un collatéral déposé en garantie auprès d'une banque et qui lui permet de mitiger son risque de contrepartie (en l'occurrence le locataire).

Le risque de change représente le risque supporté par un investisseur en traitant (investissant dans) une devise autre que sa monnaie de référence. Si par exemple vous avez pour projet de vie de passer votre retraite dans un pays de l'union européenne et que votre patrimoine est totalement investi en francs suisses, vous supporterez (volontairement ou involontairement) un risque de change le jour où vous déciderez de partir habiter dans un pays de l'union européenne. En effet, à ce moment là, votre monnaie de référence (votre monnaie de consommation) deviendra l'euro et votre patrimoine en francs suisses devra être converti au taux en vigueur au moment de vos dépenses.

Investir à l'étranger, dans une optique de diversification des investissements, peut aussi amener par la composante du taux de change un gain supplémentaire ou à l'inverse une perte supplémentaire.

Imaginons que votre monnaie de référence (votre monnaie de revenus) soit en francs suisses et que vous ayez investi il y a quelques années EUR 200'000 au taux de EURCHF 1.65 (€1=CHF1.65) dans un bien immobilier en Espagne persuadé que le marché immobilier était en plein essor. Votre investissement vous aurait ainsi coûté en francs suisses CHF 330'000 (EUR 200'000 * 1.65).

Considérant un taux de change actuel EURCHF à 1.20 (€1=CHF1.20) et partant du principe que le marché immobilier espagnol serait resté au même niveau que lors de votre achat, votre investissement de CHF 330'000 réalisé il y a quelques années ne vaudrait aujourd'hui plus que CHF 240'000 (EUR 200'000 * 1.20). Votre perte nette serait de CHF 90'000 soit 27% et exclusivement due au différentiel de taux de change.

A noter qu'un risque de change peut avoir un effet positif comme négatif, il s'agit ici d'un risque de variation dans l'absolu. Une fois de plus, une bonne planification de vos objectifs de vie vous permettra par exemple d'investir une partie de votre patrimoine en euros, afin de mitiger le risque de change de devoir le convertir à un moment futur où le taux de change est aujourd'hui incertain.

Le risque d'inflation (le risque que votre capital perde de la valeur en raison de l'augmentation du coût de la vie) a déjà été abordé lors d'un chapitre précédent au travers de l'exemple concret d'un bien immobilier hérité des grands-parents. Les causes de l'inflation sont multiples.

Elles peuvent être le résultat d'un excès de monnaie dans l'économie, en raison par exemple d'une politique monétaire expansive, ou d'une augmentation des coûts de production liée à une augmentation du prix des matières premières. Une bonne protection contre l'inflation est d'investir dans des actifs réels pour lesquels le prix et donc leur valeur augmentera de pair avec l'inflation. Ainsi en cas de cession, leur valeur aura été préservée, contrairement à la valeur d'un billet de banque.

Le risque de liquidité est le risque de ne pas trouver de contrepartie (d'acheteur) pour vendre son investissement. En effet, si certains types d'investissements sont négociés sur des marchés organisés (bourses) qui offrent une liquidité suffisante en tout temps, il peut en être totalement différent pour des investissements hors bourses.

Prenez par exemple un tableau ou une maison. Premièrement, la valeur donnée à n'importe quel bien est uniquement théorique jusqu'à ce que ce dernier soit vendu. Vous avez beau posséder un tableau unique ou une maison luxueuse, si vous ne trouvez pas d'acheteur, la vente ne sera jamais réalisée. C'est ce que l'on appelle le risque de liquidité. Plus votre investissement sera liquide (c'est à dire, plus le marché d'acheteurs potentiels est grand), plus il aura de chance d'être vendu rapidement.

A l'inverse, moins il y'aura d'acheteurs sur le marché, plus il faudra de temps pour réaliser votre vente. Dans la pratique, un marché illiquide procure généralement un avantage non négligeable aux acheteurs, puisqu'un vendeur pressé devra très probablement faire une concession sur le prix souhaité selon le principe économique de l'offre et de la demande.

Le risque de concentration pourrait être représenté par l'adage « on ne met pas tous ses œufs dans le même panier ». Même si le concept semble évident, le risque de concentration est souvent compliqué à analyser car une concentration peut être présente sous différents angles. Un investissement fait nécessairement partie d'une monnaie, d'un secteur, d'une classe d'actifs, d'un émetteur, etc.

Autant d'angles différents que de risques de concentration possibles. Toutefois, une bonne diversification des investissements permettra de réduire ce risque, voire de théoriquement l'annuler si les différents investissements ne présentent plus aucune corrélation, peu importe l'angle analysé.

Le risque de volatilité est une dimension importante du risque de détention d'un investissement car plus la volatilité est grande, plus les variations de prix possibles sont fortes. La volatilité se calcule au travers d'un écart type sur une série de prix. L'amplitude des hausses et des baisses de prix de l'investissement déterminera l'intensité de la volatilité.

Plus la série de prix sera d'une intensité différente (à la hausse comme à la baisse) plus la volatilité sera élevée. A l'inverse, plus les prix seront stables, plus la volatilité sera faible.

Un investissement, avec une volatilité relativement forte, présentera un risque de ne pas pouvoir être revendu avec un profit, voire même sans une perte au moment de sa cession, cela en raison de la grande disparité de ses prix au fil du temps. Toutefois, une volatilité ne donne aucun renseignement sur le sens de variation des prix mais uniquement sur l'amplitude des variations. Un investissement avec une forte volatilité pourrait donc toute à fait présenter une opportunité de rendement supplémentaire si vous être prêt à supporter le risque associé.

Dans un marché efficient, chaque risque supporté par l'investisseur devrait être rémunéré. Si par exemple vous décidez d'accorder un prêt contre intérêts avec un risque de contrepartie relativement élevé, vous aurez tout intérêt à demander un taux d'intérêt supérieur à un prêt effectué auprès d'une contrepartie avec de solides garanties financières. Le principe est le même si vous décidez d'investir dans un bien immobilier hors du centre ville. Son éloignement du centre ville et donc son potentiel d'acheteurs théoriquement restreint, devrait vous offrir une prime sur son prix d'acquisition en raison du risque de liquidité que vous accepterez de prendre.

Sachant qu'aucune situation n'est sans risque, le simple fait de conserver des liquidités sous votre matelas vous prémunira peut être d'un risque de faillite potentiel de votre banque mais vous exposera à un risque de destruction (par incendie ou inondation) ou vol (cambriolage de votre domicile).

Gardez à l'esprit que la valeur d'un taux d'intérêt ou d'un rendement est directement liée à ses risques sous-jacents quels qu'ils soient.

L'important est de bien comprendre le, ou les risques supportés pour chaque situation et définir le niveau de risque que vous êtes prêts à prendre en fonction de vos espérances de rendement et de vos objectifs de vie, la situation optimale étant évidemment d'obtenir le maximum de rendement avec le minimum de risque possible.

- Chapitre 9 -

Les outils et services à valeur ajoutée

Les dernières décennies ont vulgarisé et rendu accessibles une multitude de services et d'outils permettant à chacun d'accéder quasiment en direct aux différents marchés financiers. S'il y a encore quelques dizaines d'années, le simple fait de rencontrer son banquier imposait une tenue de rigueur, la digitalisation des services bancaires a, au fil des années, non seulement transformé l'expérience client mais également les attentes des clients.

Courtiers en ligne, Robot Advisors, gestion et suivi des liquidités en ligne, stratégies d'investissement thématiques ou paiements et transferts d'argent dans le monde entier et dans n'importe quelle devise. Autant de révolutions consécutives qui ont également transformé les différents métiers de la finance pour permettre au client de se positionner toujours plus au centre du système, lui déléguant ainsi certaines tâches, mais également la responsabilité du résultat final obtenu.

Lorsque l'on parle d'outils ou services à valeur ajoutée, la première question à se poser est d'évaluer si vous estimez disposer du temps et de l'expertise nécessaire qui vous permettraient de faire l'économie d'un ou de plusieurs spécialistes. Si, au premier abord, l'aspect du coût potentiel peut en effrayer plus d'un, il faut savoir qu'il est largement coutume, dans le monde de la finance, d'être facturé sur la base d'un pourcentage des avoirs. Ainsi, même en débutant avec une somme modeste, vos premiers rendements ne seront pas systématiquement absorbés par les frais de conseil ou de gestion.

Un élément à considérer est la valeur ajoutée apportée par les services d'un spécialiste. En effet, à niveau de risque similaire, mieux vaut obtenir un rendement net de 3% après déduction des honoraires de 1% d'un professionnel, plutôt qu'un rendement net de 1% généré sans l'aide d'un professionnel.

Le temps nécessaire pour suivre et piloter les différents aspects indispensables à la construction, au développement et à l'évaluation d'un patrimoine devrait également être pris en compte. Même si aujourd'hui un certain nombre d'outils et services en ligne est mis gratuitement à disposition par de nombreux prestataires de services, suivre, analyser et comprendre l'évolution des marchés et le sens des différents indicateurs macro-économiques impliquent du temps et des compétences spécifiques.

Si vous envisagez d'assumer cette tâche par vous-même, la presse économique ainsi que les sites Internet spécialisés, pourront vous fournir des analyses économiques de base qui vous permettront de vous faire votre propre opinion des tendances et opportunités du marché.

Toutefois, la question du suivi et de la consolidation de votre patrimoine total, c'est à dire la stratégie globale déployée au travers des différents investissements que vous aurez effectués, devra se poser à moment donné.

En effet, calculer la performance totale d'un patrimoine à partir des différents investissements peut être réalisé à partir d'un tableur Excel et quelques formules mathématiques. En revanche, analyser et identifier un risque de concentration sur la globalité d'un patrimoine peut s'avérer plus complexe.

Dans certains cas, vous pourriez ainsi être amenés à faire appel à un, ou plusieurs spécialistes en finance, car comme en médecine, il existe autant de spécialisations que d'aspects financiers différents. Une confusion est par exemple souvent faite entre un gérant de patrimoine et un gérant de fortune, respectivement appelés « Wealth Manager » et « Asset Manager » en anglais. Le gérant de patrimoine pourrait être comparé à un médecin de famille généraliste qui prendrait le rôle de premier interlocuteur et coordinateur pour comprendre vos besoins, vous conseiller et organiser et suivre les traitements fournis par chaque spécialiste mobilisé (chaque gérant de fortune avec sa propre spécialité en terme d'investissement).

Ainsi, au regard de la complexité de votre stratégie, du temps à disposition et de vos connaissances financières, vous pourriez décider de confier certains aspects à un ou plusieurs professionnels, car souvenez-vous, la délégation d'une tâche à un professionnel de la finance doit au final vous permettre non seulement d'économiser du temps, mais surtout de produire une valeur ajoutée.

Mais comment analyser et quantifier la valeur ajoutée produite par un professionnel ? La réponse est en apparence simple ; Il s'agit de trouver un point de comparaison. En revanche, l'affaire se complique lorsqu'il s'agit de trouver le bon point de comparaison.

Comme le ski alpin, la formule 1 ou certains autres sports qui l'ont déjà largement intégré avec la notion de tracé fantôme, il s'agit de superposer son propre résultat sur une valeur de référence pour identifier en tout temps son positionnement positif ou négatif.

Si le procédé n'a rien de révolutionnaire en soit, le choix de la référence est primordial, sous peine de biaiser positivement ou négativement la comparaison avec l'indice de référence. Pour reprendre l'exemple du ski alpin, vouloir se comparer en tant que débutant à la courbe fantôme d'un skieur alpin professionnel n'aurait pas de sens. La sélection d'un indice de comparaison doit ainsi se faire sur la base de critères communs entre la donnée à analyser et son indice. Par indice, on entend un élément ou un groupe d'éléments représentatifs qui permettrait de calculer une valeur de référence à utiliser comme point de comparaison.

Ainsi, pour être exploitable, un indice doit être liquide, c'est à dire que le, ou les éléments qui le composent, doivent pouvoir être achetés ou vendus. Cet élément semble basique mais comme nous l'avons vu précédemment, un prix réel peut seulement être déterminé par un prix d'achat et de vente convergeant entre un acheteur et un vendeur qui procéderont à un échange. Ainsi, moins il y a d'échanges réalisés, mois le prix de référence reflètera la réalité du moment.

Si vous décidez de calculer le prix moyen de vente des appartements 5 pièces dans votre quartier, mieux vaut avoir comme échantillon de données des opérations réalisées dans l'année en cours, plutôt que des références historiques isolées et étalée sur la dernière décennie en raison d'un manque de liquidité sur ce type d'appartement dans votre quartier. En d'autres termes, très peu de vendeurs, limitant ainsi le nombre d'opérations réalisées et donc nécessitant d'élargir la plage de temps pour considérer suffisamment de valeurs dans votre analyse de prix.

Il existe sur le marché une multitude d'indices différents (gratuits ou payants) calculés par des prestataires de services, banques, associations ou professionnels de la finance. Généralement, leur accès et leur expertise respective du marché qu'ils couvrent leur permettent d'obtenir un échantillon de données suffisamment large pour garantir la pertinence de leur indice. Ces indices peuvent par exemple refléter un secteur, une classe d'actifs, un pays ou encore être mondial.

Dans tous les cas, la méthode utilisée pour calculer un indice devra être transparente et préciser, si par exemple, chaque composant est équipondéré (un poids identique est donné à chaque composant) ou si une pondération spécifique est utilisée (dans le cas d'un indice actions, la capitalisation boursière de chaque titre par exemple).

La méthode utilisée devra être stable dans le temps pour garantir une comparaison efficiente sur le long terme. Un indice dont la méthode de calcul serait amenée à être modifiée fréquemment perdrait sa pertinence et donc sa crédibilité.

Une fois votre indice de référence identifié, vous pourrez commencer à comparer la performance de votre stratégie, ou de vos différents investissements, en comparant les performances obtenues avec celles de vos indices de référence sur une période identique.

Dans tous les cas, n'oubliez pas qu'un indice ne vous donnera qu'un différentiel de performance par rapport à une référence spécifique. Vous pourriez ainsi décider d'utiliser plusieurs indices différents en fonction de l'information que vous souhaitez analyser.

Si par exemple, vous décidez d'investir dans un fonds représentant les actions du marché suisse, un indice reflétant l'ensemble du marché des actions suisses vous permettra d'évaluer la valeur ajoutée ou détruite par le fonds que vous aurez choisi. Il s'agira là d'une analyse destinée à comprendre si votre choix d'investir dans ce fonds en question au lieu d'investir dans l'ensemble du marché actions a payé et si oui, quantifier cette décision en terme de performance.

Mais vous pourriez également être amené à vouloir quantifier la valeur ajoutée de votre décision d'investir dans la classe d'actifs actions plutôt que de conserver vos liquidités sur un compte bancaire. Ainsi, un indice reflétant la valeur des dépôts bancaires vous permettrait de quantifier cette décision. Vous pourriez aussi décider de créer votre propre indice qui refléterait par exemple la performance du patrimoine de votre frère, ou de votre sœur dans un but de comparaison.

N'oubliez toutefois pas que la comparaison de performances à l'aide d'un indice de référence ne vous donnera qu'une notion de performance absolue, sans tenir compte du risque pris pour générer cette performance.

Ainsi, le patrimoine de votre frère pourrait présenter une performance supérieure au vôtre mais avec un niveau de risque bien supérieur.

Cette notion de relation risque/rendement omniprésente pourrait bien entendu être analysée avec l'aide d'un professionnel sous des angles plus poussés, comme par exemple le rendement généré par unité de risque pris, ou la sensibilité de votre investissement par rapport au marché.

Peu importe que vous décidiez de gérer l'ensemble des aspects par vous même, de vous reposer en partie, ou totalement sur des professionnels de la finance pour créer et développement votre propre patrimoine, vous devriez trouver dans cet ouvrage les éléments de base nécessaires pour vous poser les bonnes questions au bon moment et prendre des décisions avisées.

- S'il n'y avait qu'une phrase à retenir -

Accumuler de l'argent dans le simple but de devenir riche est l'objectif le plus vide de sens qu'un être humain puisse avoir, la richesse ne devrait jamais être un objectif en soi mais plutôt un moyen de parvenir à ses objectifs.

www.ingramcontent.com/pod-product-compliance
Lightning Source LLC
Chambersburg PA
CBHW021454210526
45463CB00002B/780